Eric Frechon

Party Häppchen

Fotos von Valéry Guedes
Foodstyling von Bérengère Abraham
und Lucie Dauchy

Bassermann

Danksagung

Ich danke Suyapa Granda Bonilla für ihr Vertrauen und ihre Zielstrebigkeit,
ich danke den Mitarbeitern des Solar-Verlags,
ich danke Valéry Guedes und Bérengère Abraham für ihre wunderschönen Fotografien und
Clarisse Ferreres für ihre wertvolle Mitarbeit an diesem Kochbuch.

Bérengère Abraham dankt Christiane Perrochon und Linum.

ISBN 978-3-8094-3353-8

1. Auflage

Umschlaggestaltung: Atelier Versen, Bad Aibling
Layout/Gestaltung: Guylaine Moi
Fotos: Valéry Guedes
Foodstyling: Bérengère Abraham, Lucie Dauchy
Übersetzung: Lisa Voges
Redaktion und Satz: trans texas publishing services GmbH, Köln
Projektleitung: Birte Schrader
Herstellung: Reinhard Soll

Druck und Bindung: Druckerei Theiss GmbH, St. Stefan im Lavanttal
Printed in Austria

FSC www.fsc.org
MIX
Papier aus verantwortungsvollen Quellen
FSC® C012536

Verlagsgruppe Random House® FSC N001067

DAS BESTE FÜR LIEBE GÄSTE

Ob elegant, festlich oder ganz ungezwungen, im Familien- oder Freundeskreis, zu zweit oder mit Gästen, ob im Sommer um den Grill oder im Winter vor einem gemütlichen Kaminfeuer – zu einem kleinen Umtrunk kommt man immer gern zusammen. Hier kann man entspannt plaudern und sich austauschen. Ein besonderer Moment, bei dem auch etwas Gutes zu essen nicht fehlen darf.

Aber bitte nicht einfach nur Chips und Oliven servieren, sondern richtige Häppchen! In diesem Buch finden Sie 30 unkomplizierte Rezepte, die sich sehr schnell und einfach umsetzen lassen. Sie brauchen auch keinen Goldesel, um die Menschen reich zu bewirten, die Sie gern um sich haben.

VIELE TOLLE REZEPTIDEEN UND PRAKTISCHE TIPPS FÜR GELUNGENE PARTYHÄPPCHEN!

GEFÜLLTE RADIESCHEN

FÜR 4 PERSONEN | **VORBEREITUNG 20 MIN** | **GARZEIT 2 MIN**

20 große Radieschen mit Grün | 50 g gesalzene weiche Butter | 1 TL Sahnemeerrettich | grobes Salz | schwarzer Pfeffer

Die Radieschen waschen. Die Blätter abtrennen, dabei einen kleinen Stielansatz an den Radieschen lassen. Oben eine kleine Kappe von den Radieschen abschneiden.

Den Wurzelansatz so abtrennen, dass die Radieschen einen guten Stand auf dem Teller haben. Die Radieschen innen zu einem Drittel mit einem kleinen Löffel oder Kugelausstecher aushöhlen.

Wasser in einem Topf mit einer Handvoll grobem Salz zum Kochen bringen. Die Radieschenblätter darin 2 Minuten blanchieren. Das Wasser abgießen und die Blätter in einer Schüssel Eiswasser abschrecken, damit sie ihre schöne grüne Farbe behalten. Gut abtropfen lassen.

Die Radieschenblätter mit der Butter im Mixer pürieren, bis die Masse kräftig grün eingefärbt ist. Meerrettich und etwas Pfeffer zufügen. Weitermixen, bis die Butter schön glatt und geschmeidig ist.

Die Butter in einen Spritzbeutel mit Sterntülle füllen und kleine Rosetten in die ausgehöhlten Radieschen spritzen, die etwas über den Rand ragen sollten. Die Radieschenkappen daraufsetzen und sofort servieren.

TIPP VOM PROFI

Noch schneller gelingen diese Häppchen, wenn Sie die Radieschenblätter einfach weglassen.

TIGERGARNELEN-
Saté

FÜR 4 PERSONEN | **VORBEREITUNG 10 MIN** | **GARZEIT 3 MIN**

1 Limette | 80 g Saté-Sauce | 6 EL Olivenöl | 20 Tigergarnelen | Salz | gehackte Erdnüsse, zum Garnieren

Die Limette auspressen. Den Saft mit Saté-Sauce, 2 Esslöffeln Olivenöl und 2 Esslöffeln Wasser glatt rühren. Die Garnelen salzen, in der Sauce wenden und 5 Minuten ziehen lassen.

Eine Pfanne erhitzen. Das restliche Olivenöl zugeben. Die Garnelen samt Sauce zufügen und 3 Minuten unter häufigem Rühren garen.

Wenn die Garnelen eine schöne Farbe haben, in ein Lochsieb geben, kurz abtropfen lassen und nach Belieben mit gehackten Erdnüssen garnieren. Sofort servieren.

TIPP VOM PROFI

Wenn es ein bisschen geselliger zugehen soll, können Sie die Garnelen auch direkt aus der Pfanne servieren.

THUNFISCH-CARPACCIO
in Soja-Sesam-Marinade

FÜR 4 PERSONEN | **VORBEREITUNG 15 MIN** | **GARZEIT 1 MIN** | **MARINIERZEIT 1 STD**

1 Limette | 1 Knoblauchzehe | 3 Frühlingszwiebeln | 1 Thunfischsteak (400 g) in Sushi-Qualität | 100 ml Sojasauce | 50 ml Sesamöl | 50 ml Olivenöl | 5 g geriebener Ingwer | 50 g weißer Sesam | 50 g schwarzer Sesam

Die Limette auspressen.

Den Knoblauch abziehen und entkeimen. Die Frühlingszwiebeln putzen und fein hacken.

In einer beschichteten Pfanne das Thunfischsteak bei starker Hitze ohne Fett von jeder Seite 30 Sekunden braten, sodass es innen noch roh ist.

Die Pfanne vom Herd ziehen. Den Thunfisch auf einen tiefen Teller heben. Limettensaft, Sojasauce, Sesamöl und Olivenöl in die Pfanne geben und den Bratensatz lösen. Über den Thunfisch gießen und 1 Stunde marinieren.

Den Thunfisch in feine Scheiben schneiden und auf einem Teller anrichten.

Mit Frühlingszwiebeln, Ingwer, weißem und schwarzem Sesam bestreuen und sofort mit Cocktailgabeln servieren.

TIPP VOM PROFI

Dieses Rezept funktioniert auch mit rohem Lachs oder einem anderen Fisch wie Seebarsch oder Dorade.

WACHTELEIER
mit Krebsfleisch

FÜR 4 PERSONEN | **VORBEREITUNG 20 MIN** | **GARZEIT 5 MIN**

1 Dose Krebsfleisch | 16 Wachteleier | **MAYONNAISE** 1 Eigelb | 1 TL Senf | 100 ml neutrales Pflanzenöl | Sherryessig | Salz | Pfeffer

Das Krebsfleisch sorgfältig abtropfen lassen, gegebenenfalls von Hand ausdrücken, dabei aber die Krebsfleischstücke nicht allzu sehr zerdrücken.

Wasser in einem Topf zum Kochen bringen. Die Wachteleier darin 5 Minuten hart kochen. In Eiswasser abschrecken und schälen. Unter fließend kaltem Wasser abspülen und trocknen.

Die Wachteleier halbieren. Das Eigelb herauslösen und in eine Schale geben.

Für die Mayonnaise Eigelb und Senf mit etwas Salz und Pfeffer in eine Rührschüssel geben. Das Öl unter ständigem Schlagen in einem dünnen Strahl dazugießen. Wenn die Mayonnaise fest ist, mit 1 Spritzer Essig und eventuell weiterem Salz und Pfeffer abschmecken. Bis zum Servieren kalt stellen.

Das Wachteleigelb durch ein feines Küchensieb in eine Schüssel streichen. Mit einem Esslöffel Mayonnaise binden. Die Masse in einen Spritzbeutel mit Sterntülle füllen und anschließend in die Eiweißhälften spritzen.

Ein Stückchen Krebsfleisch auf jede Eierhälfte setzen und sofort servieren.

TIPP VOM PROFI

Ersetzen Sie das Krebsfleisch durch Thunfisch. // Die Mayonnaise für dieses Gericht sollte gut gewürzt sein. // Auf dieselbe Weise können Sie auch Hühnereier zubereiten.

KÄSEBONBONS

FÜR 4 PERSONEN | **VORBEREITUNG 15 MIN** | **GARZEIT 3 MIN**

500 g halbfester Schnittkäse (z.B. Reblochon) | 100 g Butter | 10 Blätter Filoteig

Den Backofen auf 220 °C vorheizen.

Den Käse entrinden und in 3 cm x 1 cm große Rechtecke schneiden. Die Butter zerlassen.

Die Filoteigblätter in 6 cm x 15 cm große Rechtecke schneiden und mit der flüssigen Butter bestreichen.

Je 1 Käsescheibe in die Mitte auf die Teigrechtecke setzen und das Teigblatt darumrollen. Den Filoteig zu beiden Seiten des Käsestücks zusammendrücken, sodass eine Art Bonbon entsteht.

Im vorgeheizten Ofen 3 Minuten backen, bis die Bonbons eine schöne Farbe angenommen haben.

TIPP VOM PROFI

Dieses Rezept lässt sich auch mit anderen Käsesorten wie Emmentaler oder Gorgonzola zubereiten.

GRATINIERTE JAKOBSMUSCHELN

mit Kräuterbutter

FÜR 4 PERSONEN | **VORBEREITUNG 30 MIN** | **GARZEIT 4 MIN**

20 Jakobsmuscheln (in der Schale) | grobes Salz | **KRÄUTERBUTTER** 1 Schalotte | 1 Bund glatte Petersilie | 1 Zitrone | 1 Knoblauchzehe | 200 g weiche gesalzene Butter | 1 gehäufter EL Semmelbrösel | Salz | Pfeffer

Den Backofen auf 200 °C vorheizen. Die Muscheln öffnen und die flache Schalenhälfte entsorgen.

Rogen und Barthaare entfernen, dabei darauf achten, dass das weiße Muskelfleisch nicht von der unteren Schalenhälfte gelöst wird. Unter einem dünnen Wasserstrahl abspülen und die Muscheln umgedreht auf einem Tuch abtropfen lassen.

Für die Kräuterbutter die Schalotte abziehen und fein hacken. Die Petersilienblätter abzupfen, waschen, trocknen und hacken. Die Zitrone auspressen. Den Knoblauch abziehen, entkeimen und hacken. Die gehackten Zutaten mit Zitronensaft, Butter und Semmelbröseln in eine Schüssel geben und zu einer glatten Masse rühren. Mit Salz und Pfeffer abschmecken.

Auf jede Jakobsmuschel ½ Teelöffel Kräuterbutter setzen.

Reichlich grobes Salz in einer großen Backform verteilen und die Muscheln in den Schalen hineinsetzen, damit sie einen guten Stand haben.

Im vorgeheizten Ofen je nach Größe etwa 4 Minuten gratinieren. Sofort servieren.

TIPP VOM PROFI

Wenn's schneller gehen soll, fragen Sie beim Fischhändler nach, ob er die Muscheln küchenfertig für Sie vorbereiten kann.

GEBRATENE PANCETTA
auf Kartoffeln

FÜR 4 PERSONEN | **VORBEREITUNG 25 MIN** | **GARZEIT 30 MIN + 3 MIN** | **RUHEZEIT 20 MIN**

500 g Pancetta | 4 große festkochende Kartoffeln | grobes Salz | 1 Schalotte | Sherryessig | 2 Stängel Petersilie | neutrales Pflanzenöl | **VINAIGRETTE** 1 TL körniger Senf | 1 Schuss Sherryessig | 150 ml neutrales Pflanzenöl | Salz | Pfeffer

Die Wurst in 2 mm dicke Scheiben schneiden.

Die Kartoffeln in einem großen Topf Wasser mit grobem Salz etwa 30 Minuten gar kochen. Pellen und in 2 mm dicke Scheiben hobeln. Auf einer Platte auslegen.

Für die Vinaigrette den Senf in einer Rührschüssel mit etwas Essig, Salz und Pfeffer verrühren. Das Öl unter ständigem Schlagen in einem dünnen Strahl dazugießen.

Die Schalotte abziehen und sehr fein hacken. Die Kartoffelscheiben damit bestreuen und mit ein paar Tropfen Essig beträufeln. 20 Minuten ziehen lassen.

Die Petersilienblätter von den Stängeln zupfen, waschen und hacken.

Eine Pfanne erhitzen und etwas Öl hineingeben. Die Wurstscheiben dicht nebeneinander hineingeben und 2–3 Minuten anbraten, bis sich die Ränder nach oben wölben.

Die Kartoffelscheiben mit der gehackten Petersilie bestreuen und je 1 Wurstscheibe daraufsetzen. Mit Cocktailspießen fixieren und sofort servieren.

TIPP VOM PROFI

Dieses Rezept funktioniert auch mit Gelbwurst oder Fleischwurst. // Diese Häppchen sind die ideale Begleitung zu einem Glas trockenen Weißwein.

GEFÜLLTE KARTOFFELCHIPS

mit Sardellen und Basilikum

FÜR 4 PERSONEN | **VORBEREITUNG 30 MIN** | **GARZEIT 3 MIN**

4 große vorwiegend festkochende Kartoffeln | 10 Sardellenfilets in Öl | 1 Bund Basilikum | 1 Ei | 1 l neutrales Pflanzenöl, zum Frittieren

Die Kartoffeln schälen und waschen. Die Sardellenfilets quer halbieren. 20 Basilikumblätter von den Stängeln zupfen.

Das Ei trennen und das Eigelb mit ein wenig Wasser in einer Tasse verquirlen.

Das Öl in der Fritteuse auf 180 °C erhitzen.

Die Kartoffeln mit einer Mandoline oder einem Hobel längs in 40 hauchdünne Scheiben schneiden (weniger als 1 mm dick). Nebeneinander auf Teller legen.

Die Hälfte der Scheiben mit je ½ Sardellenfilet und 1 Basilikumblatt belegen. Rundum dünn mit Eigelb bestreichen und eine zweite Kartoffelscheibe von gleicher Größe passgenau darauflegen.

Unmittelbar vor dem Servieren die Kartoffelchips in zwei Portionen ins heiße Fett geben und etwa 3 Minuten goldgelb und knusprig frittieren. Abtropfen lassen und sofort servieren.

TIPP VOM PROFI

Wenn Sie die Chips im Voraus zubereiten wollen, bestreichen Sie die Kartoffeln mit etwas flüssiger Butter, damit sie sich nicht verfärben, und bewahren Sie sie bis zum Frittieren im Kühlschrank auf. // Die Chips müssen nicht gesalzen werden, weil sie durch die Sardellen salzig genug sind. // Diese Chips können auch als Garnierung für ein Fisch- oder Fleischgericht verwendet werden.

ROTE-BETE-WÜRFEL
mit Blauschimmelkäse

FÜR 4 PERSONEN | **VORBEREITUNG 10 MIN** | **GARZEIT 2 MIN**

5 gegarte große Rote-Bete-Knollen | 125 g Roquefort

Den Backofengrill auf 220 °C vorheizen.

Die Rote Bete in 3 cm große Würfel schneiden.

Die Würfel mithilfe eines kleinen Kugelausstechers etwas aushöhlen.

Den Käse in 1 cm große Würfel schneiden und je einen in die ausgehöhlten Betewürfel setzen.

Die Betewürfel auf ein Backblech setzen und etwa 2 Minuten gratinieren.

Sofort servieren.

TIPP VOM PROFI

Diese Häppchen werden im Allgemeinen zum Aperitif gereicht; sie ergeben mit einem Chicoréesalat mit Walnussstückchen aber auch eine tolle Vorspeise.

FEIGEN MIT MOZZARELLA

und Limette

FÜR 4 PERSONEN | **VORBEREITUNG 20 MIN** | **GARZEIT 2 MIN**

8 violette Feigen | 1 Zweig Rosmarin | 2 Kugeln Büffelmozzarella | 2 Limetten | Balsamicoessig | natives Olivenöl extra | grobes Meersalz | grob gemahlener Pfeffer

Den Backofen auf 180 °C vorheizen.

Die Feigen waschen. Die Rosmarinnadeln vom Zweig streifen und hacken.

Aus jeder Feige zwei 1 cm dicke Scheiben schneiden und nebeneinander auf ein mit Backpapier belegtes Backblech legen.

Den Mozzarella in dieselbe Größe wie die Feigenscheiben schneiden.

Jede Feige mit 1 Mozzarellascheibe belegen.

Die Limetten heiß abspülen, trocknen und die Schale fein abreiben. Gleichmäßig auf den Mozzarellascheiben verteilen.

Mit Rosmarin, Salz und Pfeffer bestreuen.

Im vorgeheizten Backofen maximal 2 Minuten gratinieren, bis die Feigen lauwarm sind.

Mit ein paar Tropfen Essig und Öl beträufeln und sofort servieren.

TIPP VOM PROFI

Die Limetten sollten erst unmittelbar vor der Verwendung gerieben werden, damit sich die ätherischen Öle nicht verflüchtigen.

Browne
STAINLESS
CHINA

COCKTAILTOMATEN

mit Schnecken und Kräuterbutter

FÜR 4 PERSONEN | **VORBEREITUNG 45 MIN** | **GARZEIT 5 MIN**

24 Cocktailtomaten | 24 gegarte Schnecken (Dose oder Glas) | 5 Knoblauchzehen | 3 Zweige Thymian | 3 Lorbeerblätter | 3 Zweige Rosmarin | Olivenöl | **KRÄUTERBUTTER** ½ Bund glatte Petersilie | 200 g weiche Butter | 3 Knoblauchzehen | 1 TL Senf | 1 EL gemahlene Mandeln | Salz | Pfeffer

Den Backofen auf 180 °C vorheizen.

Die Tomaten waschen und oben eine kleine Kappe abschneiden. Die Kerne herauslösen.

Die Schnecken abspülen und abtropfen lassen. Die Knoblauchzehen abziehen, entkeimen und fein hacken.

Für die Krauterbutter die Petersilie waschen und trocknen. Die Blätter von den Stängeln zupfen und sehr fein hacken. Butter, 3 Knoblauchzehen, Senf, Petersilie und Mandeln glatt rühren. Salzen und pfeffern.

Eine Keramikauflaufform leicht mit Öl einfetten und die Tomaten nebeneinander hineinsetzen. Je 1 Schnecke hineingeben und ein Stückchen Kräuterbutter daraufsetzen.

Den restlichen Knoblauch, Thymian, Lorbeer und Rosmarin um die Tomaten verteilen. Im vorgeheizten Ofen 5 Minuten garen. Dann den Ofen auf Grillfunktion stellen und die Tomaten 30 Sekunden gratinieren.

TIPP VOM PROFI

Sie können die Kräuterbutter auch in der Küchenmaschine zubereiten, dann erhält sie eine einheitlich grüne Farbe.

FRÜHLINGSROLLEN

mit Geflügelfüllung

FÜR 4 PERSONEN | **VORBEREITUNG 30 MIN** | **GARZEIT 20 MIN**

2 eingelegte Entenkeulen (Confit, alternativ gebratene Hähnchenkeulen) | 4 Feigen | ¼ eingelegte Zitrone (Internethandel) | 2 Stängel Koriander | 10 Blätter Strudelteig (Kühlregal) | 2 EL Thymianhonig

Die Entenkeulen in einem Topf 15 Minuten bei niedriger Hitze erwärmen. Das Fleisch von den Knochen lösen und beiseitestellen.

Den Backofen auf 200 °C erhitzen.

Die Feigen waschen und je in sechs Stücke schneiden. Die Zitrone sehr fein hacken. Den Koriander waschen, trocknen und die Blätter abzupfen.

Die Teigblätter zu Quadraten schneiden und halbieren.

Entenfleisch, Feigen, Zitrone und Koriander in einer Schüssel vermengen. Die Masse auf einer Längsseite der Teigrechtecke verteilen und aufrollen.

Die Röllchen auf ein mit Backpapier belegtes Backblech legen und im vorgeheizten Ofen 5 Minuten goldbraun und knusprig backen.

Mit dem Honig bestreichen und sofort servieren.

TIPP VOM PROFI

Sie können die Feigen durch gehackte Trockenfrüchte wie Aprikosen oder Datteln ersetzen; in diesem Fall werden die Röllchen nach dem Backen nicht mit Honig bestrichen.

KÄSEWINDBEUTEL

FÜR 4 PERSONEN | **VORBEREITUNG 20 MIN** | **GARZEIT 20 MIN**

300 ml Milch | 50 g Butter + 10 g zum Einfetten | je 1 Prise Zucker und Salz | 100 g Mehl + etwas zum Ausstäuben | 2 Eier (Klasse S) | 50 g Greyerzer, gerieben | grobes Meersalz

Den Backofen auf 180 °C vorheizen.

Die Milch mit 100 ml Wasser, Butter sowie je 1 Prise Zucker und Salz in einen Topf geben und erhitzen, bis die Butter geschmolzen ist.

Den Topf vom Herd ziehen, das Mehl auf einmal dazugeben und kräftig rühren. Den Topf bei niedriger Hitze wieder auf den Herd stellen und den Teig unter ständigem Rühren 2 Minuten abbrennen. Die Eier einzeln einarbeiten und eine weitere Minute rühren.

Den Käse mit 1 Prise Meersalz einarbeiten, bis der Teig sehr homogen ist.

Muffinförmchen mit Butter einfetten und mit Mehl ausstäuben. Den Brandteig in einen Spritzbeutel mit Sterntülle füllen und die Förmchen zu drei Vierteln damit füllen. Im vorgeheizten Ofen etwa 20 Minuten backen.

Die Windbeutel kurz abkühlen lassen, dann aus den Förmchen lösen und lauwarm servieren.

TIPP VOM PROFI

Wenn Sie keine Muffinform haben, können Sie den Brandteig in Rosetten auf ein mit Backpapier belegtes Backblech spritzen.

GEFÜLLTE ZUCCHINI
mit Tomaten und Chorizo

FÜR 4 PERSONEN | **VORBEREITUNG 20 MIN** | **GARZEIT 5 MIN**

8 sehr kleine Zucchini | grobes Salz | 4 vollreife Tomaten | 70 g kräftige Chorizo (alternativ Landjäger) | 20 entsteinte schwarze Oliven | 6 Sardellenfilets | 6 Basilikumblätter | Olivenöl | Salz | Pfeffer

Wasser in einem großen Topf mit grobem Salz zum Kochen bringen und die Zucchini darin 5 Minuten blanchieren. In Eiswasser abschrecken, dann auf Küchenpapier abtropfen lassen.

Das Blanchierwasser anschließend erneut zum Kochen bringen.

Den Stielansatz von den Tomaten entfernen und die Tomaten 30 Sekunden ins kochende Wasser tauchen. Sobald die Haut Risse zeigt, die Tomaten wieder herausnehmen, ins Eiswasser tauchen und anschließend die Haut abziehen.

Die Tomaten halbieren. Die Kerne herauslösen und entsorgen. Die Tomatenhälften auf Küchenpapier abtropfen lassen.

Die Chorizo häuten und klein würfeln, ebenso wie Oliven, Sardellen und Tomaten. Das Basilikum hacken. Alles in eine Schüssel geben und sorgfältig vermengen.

Die Zucchini längs halbieren und vorsichtig aushöhlen.

Die Chorizo-Mischung mit etwas Olivenöl und, falls nötig, Salz und Pfeffer abschmecken. Die Zucchini damit füllen. Auf einem Teller anrichten und sofort servieren.

TIPP VOM PROFI

Dieses Gericht schmeckt auch mit Cocktailtomaten oder kleinen Auberginen. // Die Auberginen sollten besser nicht blanchiert, sondern 3–4 Minuten bei 180 °C im Ofen gegart werden. Sie sehen dann zwar nicht so schön aus, schmecken aber besser.

ZIEGENKÄSEBÄLLCHEN
mit Trockenfrüchten

FÜR 4 PERSONEN | **VORBEREITUNG 30 MIN** | **GARZEIT 2 MIN** | **RUHEZEIT 30 MIN**

100 g getrocknete Aprikosen | 100 g getrocknete Feigen | 10 g eingelegte Zitrone (Internethandel) | 400 g Ziegenfrischkäse | 10 g gehackte Pistazienkerne | 1 EL Haselnussöl | 1 l neutrales Pflanzenöl, zum Frittieren | **KRUSTE** 3 Eier | 300 g Mehl | 200 g gemahlene Haselnüsse | 200 g gemahlene Mandeln | 100 g Mandelblättchen | 10 g gerösteter Sesam | Salz | Pfeffer

Aprikosen, Feigen und Zitrone klein würfeln.

Für die Kruste die Eier in einer Schüssel mit je 1 Messerspitze Salz und Pfeffer sowie 3 Esslöffeln Wasser mit einer Gabel verquirlen.

Das Mehl in eine flache Form geben. Gemahlene Haselnüsse, Mandeln und Sesam in einer zweiten Form mischen.

Das Öl in einer Fritteuse auf 170 °C erhitzen.

Den Frischkäse in einer Schüssel mit einer Gabel zerdrücken. Gewürfelte Trockenfrüchte und Zitrone sowie Pistazien und Haselnussöl zugeben. Alles zu einer glatten, homogenen Masse verarbeiten. Gegebenenfalls mit Salz und Pfeffer abschmecken.

Die Masse mithilfe eines Teelöffels zu etwa 15 g schweren Kugeln formen. Auf einen Bogen Backpapier setzen und 30 Minuten im Kühlschrank ruhen lassen.

Die Kugeln erst im Mehl, dann in der Eiermischung wenden. Zuletzt mit der Nussmischung einhüllen. Überschüssige Panade abklopfen. Die Kugeln ins heiße Fett gleiten lassen und 2 Minuten goldgelb frittieren. Warm servieren.

TIPP VOM PROFI

Übrig gebliebene Ziegenkäsekugeln halten sich gut im Kühlschrank und können auch zum nächsten Aperitif serviert werden. // Je nach Saison können Sie die Trockenfrüchte beispielsweise durch Oliven, Tomaten und Basilikum ersetzen.

BLUTWURSTTASCHEN

mit Äpfel

FÜR 4 PERSONEN | **VORBEREITUNG 20 MIN** | **GARZEIT 8 MIN**

500 g Blutwurst | 2 Äpfel | 100 g Butter | 1 EL feiner Zucker | 8 Blätter Strudelteig

Die Wurst häuten und in 5 mm dicke Scheiben schneiden.

Die Äpfel schälen, entkernen und klein würfeln.

In einer heißen Pfanne 50 g Butter zerlassen. Wenn sie schäumt, Äpfel und Zucker zugeben und 3 Minuten bei starker Hitze garen. Auf einen Teller geben.

Falls die Teigblätter rund sind, zu Rechtecken zurechtschneiden. Die Rechtecke längs halbieren, sodass sich 16 Stücke ergeben.

Den Backofen auf 220 °C vorheizen.

Je 1 Wurstscheibe und einige Apfelwürfel auf die Teigrechtecke legen. Die restliche Butter zerlassen und die Teigblätter damit bestreichen.

Die Teigblätter zu Dreiecken falten. Die Kanten zusammendrücken und verschließen, damit keine Füllung austreten kann. Auf ein mit Backpapier belegtes Backblech legen.

Im vorgeheizten Backofen 5 Minuten goldgelb und knusprig backen. Sofort servieren.

TIPP VOM PROFI

Sie können diese Teigtaschen auch mit Filoteig und mit Weisswurst statt Blutwurst zubereiten.

GEMÜSERÖLLCHEN
mit Schinken

FÜR 4 PERSONEN | **VORBEREITUNG 30 MIN** | **GARZEIT 2 MIN**

2 Zucchini | 4 dünne Scheiben roher Schinken | 1 kleines Glas getrocknete Tomaten in Öl | 100 ml Olivenöl | 1 kleines Glas schwarze Olivenpaste (Tapenade) | 1 kleines Bund Schnittlauch

Die Zucchini der Länge nach mit einem Hobel in 1 mm dünne Scheiben schneiden. Die Schinkenscheiben auf die Größe der Zucchinischeiben zurechtschneiden.

Die Tomaten abtropfen lassen und in Streifen schneiden.

Das Olivenöl in einer Pfanne erhitzen. Die Zucchinischeiben darin etwa 1 Minute von jeder Seite anbraten. Das Öl auf Küchenpapier gut abtropfen lassen.

Die Zucchinischeiben mit je 1 Schinkenstreifen belegen und längs halbieren. Je 1 Tomatenstreifen darauflegen und die Zucchinistreifen vorsichtig aufrollen.

Die Rollen aufstellen, einen Klacks Olivenpaste daraufsetzen und eine Schnittlauchhalmspitze hineinstecken.

TIPP VOM PROFI

Um zu verhindern, dass die Gemüseröllchen sich öffnen, können Sie Schnittlauchhalme darumbinden.

PARMESANCHIPS

FÜR 4 PERSONEN | **VORBEREITUNG 10 MIN** | **GARZEIT 3 MIN**

200 g Parmesan am Stück

Den Backofengrill auf 220 °C vorheizen.

Den Parmesan grob reiben. In 10 cm großen Kreisen auf ein mit Backpapier belegtes Backblech streuen. Dabei darauf achten, dass der Käse nicht zu dick gestreut wird.

Unter dem vorgeheizten Grill etwa 3 Minuten schmelzen.

Wenn die Chips eine schöne Farbe haben, das Blech aus dem Ofen nehmen und die Chips darauf erkalten lassen. Vorsichtig vom Backpapier abziehen und sofort servieren.

TIPP VOM PROFI

Je dünner Sie den Parmesan streuen, desto zerbrechlicher werden die Chips; je dicker, desto zäher werden sie. Es gilt also, die goldene Mitte zu finden! // Lassen Sie die Chips unter dem Grill bloß nicht zu dunkel werden, sonst schmecken sie bitter.

OLIVENKÜCHLEIN
mit Chorizo und Tomaten

FÜR 4 PERSONEN | **VORBEREITUNG 35 MIN** | **GARZEIT 20 MIN**

80 g Butter | 1 kleine scharfe Chorizo (alternativ Landjäger) | 150 g getrocknete Tomaten in Öl | 7 Eier | 350 g Weizenmehl | 1 Päckchen Backpulver | 100 g Crème fraîche | 150 g entsteinte schwarze Oliven | Salz | Pfeffer

Die Butter schmelzen und abkühlen lassen.

Inzwischen die Chorizo häuten und klein würfeln. Die Tomaten in kleine Stücke schneiden.

Den Backofen auf 180 °C vorheizen.

Die Eier in einer Schüssel schaumig rühren. Mehl und Backpulver darübersieben und unterrühren. Butter und Crème fraîche unterziehen, bis ein glatter Teig entstanden ist.

Chorizowürfel, Tomatenstückchen und Oliven unterheben. Salzen und pfeffern. Den Teig in Mini-Kastenformen oder in eine Mini-Muffinform aus Silikon füllen und im vorgeheizten Ofen 20 Minuten backen.

TIPP VOM PROFI

Der Teig kann auch mit anderen klein gewürfelten Zutaten verfeinert werden, dabei sollten die Mengenangaben eingehalten werden. // Die Kuchen sollten direkt aus dem Ofen serviert werden, da sie schnell trocken werden und dann nicht mehr so lecker schmecken.

LIEBESÄPFEL
aus Cocktailtomaten

FÜR 4 PERSONEN | **VORBEREITUNG 20 MIN** | **GARZEIT 10 MIN**

20 Cocktailtomaten | 1 Limette | 50 g weißer Sesam | 50 g schwarzer Sesam | 300 g Honig | 300 g Zucker

Die Tomaten waschen und gut trocknen. Einen Cocktailspieß in jede Tomate stecken.

Die Limette auspressen.

Weißen und schwarzen Sesam in einer Schale mischen.

Honig und Zucker in einen Topf geben und sanft erhitzen, bis ein heller Karamell entstanden ist. Dabei gelegentlich am Topf rütteln. Den Topf vom Herd ziehen, den Limettensaft unterrühren und 2 Minuten stehen lassen.

Die Tomaten in den Karamell tauchen und drehen, bis die ganze Oberfläche mit einer dünnen, gleichmäßigen Schicht überzogen ist. In der Sesammischung wenden.

Zum Servieren die Tomaten entweder in halbierte und in Alufolie eingeschlagene Grapefruits stecken oder auf einen großen Teller setzen; in diesem Fall bildet der Karamell Füßchen, sodass die Tomaten aufrecht stehen bleiben.

TIPP VOM PROFI

Damit die Karamellschicht auf den Tomaten schön dünn und gleichmäßig wird, sollte der Karamell relativ dünnflüssig sein; dazu kann er mehrmals erhitzt und wieder verflüssigt werden.

GERÖSTETES BROT

mit schwarzer Olivenpaste

FÜR 4 PERSONEN | **VORBEREITUNG 15 MIN** | **GARZEIT 3 MIN**

100 g entsteinte schwarze Oliven | 2 Sardellenfilets | Olivenöl | 1 Baguette

Den Backofen auf 200 °C vorheizen.

Die Oliven mit den Sardellenfilets und einem Schuss Olivenöl zu einer glatten Paste mixen. Kalt stellen.

Das Baguette schräg in 10 cm lange und 0,5 cm dicke Scheiben schneiden. Die Mitte mit einem Streifen Olivenpaste (Tapenade) bestreichen.

Im vorgeheizten Ofen 3 Minuten backen, bis die Brotscheiben eine schöne gebräunte Farbe haben. Sofort servieren.

TIPP VOM PROFI

Wenn's noch schneller gehen soll, verwenden Sie eine gekaufte Olivenpaste (Tapenade).

PIZZATALER
mit Tomate und Basilikum

FÜR 4 PERSONEN | **VORBEREITUNG 50 MIN** | **GARZEIT 45 MIN** | **KÜHLZEIT 2 STD**

1 kg kleine Eiertomaten | grobes Meersalz | 1 fertig ausgerollter Blätterteig (Kühlregal) | 1 EL Tomatenmark | Oregano, zum Bestreuen | **PESTO** 2 Knoblauchzehen | 1 Bund Basilikum | ½ Bund Petersilie | 10 g Pinienkerne | 70 g geriebener Parmesan | 100 ml Olivenöl

Den Stielansatz von den Tomaten entfernen. Die Tomaten 30 Sekunden in kochendes Wasser tauchen. Wenn die Haut Risse zeigt, die Tomaten in Eiswasser abschrecken und die Haut abziehen.

Die Tomaten in 7 mm dicke Scheiben schneiden und auf Küchenpapier legen. Salzen und 2 Stunden im Kühlschrank ziehen und abtropfen lassen.

Für das Pesto den Knoblauch abziehen und entkeimen. Die Basilikumblätter (einige für die Garnierung beiseitelegen) und Petersilienblätter von den Stängeln zupfen. Mit Knoblauch, Pinienkernen, 100 ml Wasser und Parmesan in den Mixer geben und unter langsamer Zugabe des Olivenöls zu einer Paste verarbeiten.

Den Backofen auf 160 °C vorheizen.

Den Teig ausrollen und mehrmals mit einer Gabel einstechen. Das Tomatenmark darauf verstreichen. Mit einer Ausstechform dem Durchmesser der Tomaten entsprechende Kreise ausstechen. Die Teigkreise auf ein mit Backpapier belegtes Backblech legen.

Je 1 Tomatenscheibe auf die Teigkreise legen. Im vorgeheizten Ofen auf der unteren Schiene etwa 45 Minuten backen.

Die Pizzataler aus dem Ofen holen und je 1 kleinen Klacks Pesto daraufsetzen. Mit etwas Oregano bestreuen und mit einem Basilikumblatt garnieren. Sofort servieren.

TIPP VOM PROFI

Wenn Sie genügend Zeit haben, sollten die Tomaten bereits am Vorabend gehäutet und gesalzen werden. Dann saften sie beim Backen umso weniger. // Für eine raffiniertere Version garnieren Sie die gebackenen Pizzataler mit etwas Pesto, einem Stück Mozzarella, einer Olivenscheibe, einem Stück Sardellenfilet und einem Parmesanspan.

FOIE-GRAS-*Bällchen*

FÜR 4 PERSONEN | **VORBEREITUNG 45 MIN | GARZEIT 2 MIN | RUHEZEIT 3 STD**

5 Scheiben Weißbrot | 200 g gemahlene Mandeln | 200 g Weizenmehl | 3 Eier | ½ Hühnerbrühwürfel | 500 g Foie Gras (Gänsestopfleber) | 1 l Pflanzenöl, zum Frittieren | Salz | Pfeffer

Die Brotscheiben entrinden und vierteln. Im Mixer zu feinen Semmelbröseln verarbeiten. Mit den Mandeln mischen und in einen tiefen Teller geben.

Das Mehl in einem zweiten Teller verteilen. In einem dritten Teller die Eier mit einer Messerspitze Salz und Pfeffer sowie 3 Esslöffeln Wasser mit einer Gabel verquirlen.

Den Brühwürfel in 500 ml kochendem Wasser auflösen.

Die Stopfleber im Mixer zerkleinern. Die Brühe bei laufendem Motor nach und nach zugießen, bis eine glatte Creme entstanden ist. Abschmecken.

Die Masse mithilfe eines Spritzbeutels mit Lochtülle in eine Form für kleine Eiswürfel spritzen und 3 Stunden tiefkühlen.

Das Öl in einer Fritteuse auf 180 °C erhitzen.

Inzwischen die Stopfleberwürfel aus der Form lösen. Erst im Mehl wenden, dann in der Eiermasse und zuletzt in der Semmelbröselmischung.

Den Vorgang zweimal wiederholen, dabei überschüssiges Mehl, Ei und Semmelbrösel immer wieder abklopfen. Die Bällchen im heißen Fett 2 Minuten frittieren. Heiß servieren.

TIPP VOM PROFI

Da das Innere dieser Würfel flüssig ist, sollten sie in einem Bissen gegessen werden. // Übrig gebliebene Stopfleberwürfel können im Tiefkühlfach aufbewahrt werden, aber Achtung, je frischer, desto besser.

PARMESANTALER MIT ZIEGENKÄSE

und Gemüsestückchen

FÜR 4 PERSONEN | **VORBEREITUNG 45 MIN** | **GARZEIT 20 MIN** | **RUHEZEIT 2 STD**

TEIG 15 g Pistazienkerne | 15 g Walnusskerne | 40 g gemahlene Mandeln | 50 g geriebener Parmesan | 90 g Weizenmehl | 80 g weiche Butter | 1 Ei + 1 Eigelb | 1 Prise Muskatnuss | 1 Prise Piment | Salz | Pfeffer | **GARNIERUNG** 100 g Ziegenfrischkäse | Olivenöl | 1 grüne Spargelstange | 2 Karotten | 2 Radieschen | 1 Stängel Basilikum | zerstoßener Pfeffer | Oliven, zum Servieren

Pistazien und Walnüsse grob hacken und in einer Schüssel mit Mandeln, Parmesan und Mehl mischen. Die Butter einarbeiten, bis eine krümelige Masse entstanden ist. Ei, Eigelb, 1 Prise Salz, Muskat, Pfeffer und Piment untermischen, sodass ein glatter Teig entsteht.

Den Teig auf einem Bogen Backpapier zu einem 1 cm dicken Rechteck ausrollen und 2 Stunden im Kühlschrank ruhen lassen.

Den Backofen auf 160 °C vorheizen.

Den Ziegenfrischkäse mit einer Gabel zerdrücken und so viel Olivenöl einarbeiten, dass eine glatte Creme entsteht.

Spargel und Karotten waschen und schälen. Mit einem Sparschäler längs in Streifen schneiden. Die Radieschen in Scheiben schneiden. Die Basilikumblätter vom Stängel zupfen.

Aus dem Teig 5 cm große Kreise ausstechen und auf ein mit Backpapier ausgelegtes Backblech legen. Im Ofen 20 Minuten backen.

Die Taler auf einem Kuchengitter erkalten lassen. Den Ziegenfrischkäse in einen Spritzbeutel mit Sterntülle füllen und Rosetten auf die Taler spritzen. Die Garnierung dekorativ darauf anrichten. Mit etwas Olivenöl beträufeln, mit zerstoßenem Pfeffer bestreuen und mit Oliven servieren.

TIPP VOM PROFI

Schneller geht's, wenn Sie den Teig in der Küchenmaschine mit dem Knethaken zubereiten.

KNUSPERGARNELEN
am Spieß

FÜR 4 PERSONEN | **VORBEREITUNG 25 MIN** | **GARZEIT 2 MIN**

8 rohe mittelgroße Garnelen | 4 Strudelteigblätter mit 30 cm Durchmesser | 8 Basilikumblätter | 150 ml Olivenöl, plus etwas mehr zum Braten | Salz

Die Garnelen auslösen und den schwarzen Darmfaden entfernen.

Die Garnelen längs halbieren und kalt stellen.

Aus jedem Teigblatt vier Kreise à 7 cm Durchmesser schneiden oder ausstechen, sodass sich vier Lollis pro Person ergeben.

Ein halbes Basilikumblatt und eine halbe Garnele auf jeden Teigkreis legen. Nach Belieben salzen. Rundum mit Olivenöl bestreichen und je 2 Kreise aufeinanderlegen.

Einen Schuss Olivenöl in einer beschichteten Pfanne erhitzen und die Teigflecken etwa 1 Minute von jeder Seite knusprig goldgelb braten.

Auf Küchenpapier abtropfen lassen. In jeden Halbkreis einen Holzspieß stecken. Sofort servieren.

TIPP VOM PROFI

Damit das Ausschneiden der Teigkreise schneller geht, fertigen Sie mithilfe einer Tasse eine Schablone aus festem Papier an. Dann können Sie die aufeinandergelegten Teigblätter entlang der Schablone mit einer Schere ausschneiden.

GRÜNER SPARGEL
im Tempura-Mantel

FÜR 4 PERSONEN | **VORBEREITUNG 20 MIN** | **GARZEIT 5 MIN**

300 g Tempura-Mehl (japanischer Ausbackteig) | 16 mittelgroße grüne Spargelstangen | 1 l Pflanzenöl, zum Ausbacken | grobes Salz

Das Tempura-Mehl in einer Schüssel mit 400 ml Wasser verrühren, bis ein glatter, dicklicher Teig entsteht.

Die Spargelstangen schälen.

Salzwasser in einem Topf zum Kochen bringen und die Spargelstangen darin je nach Größe 2–3 Minuten blanchieren. In Eiswasser abschrecken und auf Küchenpapier gut abtropfen und trocknen lassen.

Das Öl in einer Fritteuse auf 180 °C erhitzen.

Die Spargelstangen nacheinander in den Teig tauchen, in das heiße Fett gleiten lassen und 3 Minuten ausbacken, bis der Teigmantel goldgelb und knusprig ist.

Sofort servieren.

TIPP VOM PROFI

Zu diesem Spargel-Tempura passt eine Limettenmayonnaise mit feiner Currynote (siehe Seite 62).

GAMBA-TEMPURA

mit pikanter Sauce

FÜR 4 PERSONEN | **VORBEREITUNG 30 MIN** | **GARZEIT 4 MIN**

1 l Pflanzenöl, zum Ausbacken | 20 rohe mittelgroße Gambas | 300 g Tempura-Mehl (japanischer Ausbackteig) | **SAUCE** 1 Frühlingszwiebel | 200 g Ketchup | 2 EL Sojasauce | 5 g frisch geriebener Ingwer | 5 g frisch gehackter Koriander | Tabascosauce

Das Öl in einer Fritteuse auf 180 °C erhitzen.

Inzwischen die Gambas auslösen, dabei das Schwanzende intakt lassen und den Darmfaden entfernen.

Das Tempura-Mehl in eine Schüssel geben und nach und nach 400 ml Wasser einarbeiten, bis ein glatter, luftiger Teig entstanden ist.

Für die Sauce die Frühlingszwiebel waschen und hacken.

Ketchup, Sojasauce, Frühlingszwiebel, Ingwer und Koriander verrühren. Mit einigen Tropfen Tabascosauce abschmecken. Die Sauce auf vier Servierschälchen verteilen.

Die Gambas nacheinander in den Tempurateig tauchen, bis sie vollständig eingehüllt sind. Ins heiße Fett gleiten lassen und etwa 4 Minuten goldgelb und knusprig ausbacken.

Auf Küchenpapier abtropfen lassen. Die Gambas sofort mit der Sauce servieren.

TIPP VOM PROFI

Zur Zeitersparnis können Sie die Gambas im Voraus zubereiten: Tauchen Sie sie dazu in den Tempura-Teig und frittieren sie sie, ohne dass sie Farbe annehmen. Vor dem Servieren werden die Gambas dann ein zweites Mal ausgebacken, bis sie goldgelb und knusprig sind.

SARDINENTOASTS

mit Auberginenkaviar

FÜR 4 PERSONEN | **VORBEREITUNG 30 MIN** | **GARZEIT 40 MIN**

2 Dosen Sardinen in Olivenöl | 2 Knoblauchzehen | 225 g Auberginen (125 g Fruchtfleisch) | 1 Zweig Thymian | Olivenöl | 2 Stängel Koriander | ¼ Limette | 1 Frühlingszwiebel | 1 Baguette | 1 EL Naturjoghurt | ½ TL gemahlener Kreuzkümmel | Salz

Den Backofen auf 220 °C vorheizen.

Die Sardinen abtropfen lassen und grob zerteilen. Kühl stellen.

Die Knoblauchzehen abziehen und entkeimen. Die Auberginen längs halbieren, salzen und mit Knoblauchzehen und Thymian auf zwei Bögen Alufolie setzen. Mit etwas Olivenöl beträufeln und fest in die Alufolie einschlagen. Im vorgeheizten Ofen 40 Minuten garen.

Die Korianderblätter von den Stängeln abzupfen und hacken. Die Limette auspressen. Die Frühlingszwiebel fein hacken.

Das Baguette schräg in 10 cm lange und 0,5 cm dicke Scheiben schneiden und toasten.

Die Auberginen auswickeln. Das Fruchtfleisch herausschaben, abtropfen lassen und hacken. In einer Schüssel mit Joghurt, Koriander, Limettensaft, Frühlingszwiebel und Kreuzkümmel vermengen. Die Brotscheiben damit bestreichen.

Die Sardinen darauf verteilen und sofort servieren.

TIPP VOM PROFI

Sie können dieses Rezept auch mit frisch gegrillten Sardinen zubereiten.

QUICHE LORRAINE

im Glas

FÜR 4 PERSONEN | **VORBEREITUNG 20 MIN** | **GARZEIT 20 MIN**

100 g Emmentaler | 4 Eier | 300 g Crème fraîche | 250 g Räucherspeck in Streifen

Den Backofen auf 160 °C vorheizen.

Den Käse grob reiben.

Die Eier in einer Schüssel schaumig rühren. Crème fraîche und 75 g Käse unterziehen.

In einer Pfanne die Speckstreifen bei starker Hitze goldbraun braten. In hitzebeständige Gläser oder Förmchen füllen und mit der Eiermasse auffüllen. Mit dem restlichen Käse bestreuen. Im vorgeheizten Ofen 20 Minuten backen, bis die Masse gestockt ist.

TIPP VOM PROFI

Dieses Rezept lässt sich mit gedünsteten Zwiebeln, Pfifferlingen oder auch Trüffelstückchen verfeinern.

LACHSCREME

im Glas

FÜR 4 PERSONEN | **VORBEREITUNG 25 MIN** | **GARZEIT 10 MIN**

½ Bund Dill | 1 Scheibe Räucherlachs | 250 g frisches Lachsfilet | Olivenöl | **MAYONNAISE** 1 Limette | 1 Eigelb | 2 TL Senf | 1 Msp Currypulver | 100 ml neutrales Pflanzenöl | Salz | Pfeffer

Den Backofen auf 130 °C vorheizen.

Für die Mayonnaise die Limette auspressen (die Schale zum Abreiben beiseitelegen). Eigelb, Salz, Pfeffer, Senf, Currypulver und die Hälfte des Limettensafts in einer Schüssel verquirlen. Das Öl in einem dünnen Strahl unter ständigem Rühren dazugießen, bis eine feste Mayonnaise entstanden ist.

Den Dill fein hacken. Den Räucherlachs klein schneiden.

Das Lachsfilet entgräten, salzen und pfeffern. In eine flache Auflaufform geben, mit etwas Olivenöl beträufeln und 10 Minuten im vorgeheizten Ofen garen.

Wenn der Lachs gar ist, aus dem Ofen nehmen und mit dem restlichen Limettensaft beträufeln.

Den Lachs erkalten lassen. In eine Schüssel geben und grob zerteilen. Mit Mayonnaise, Dill und Räucherlachs vorsichtig vermengen. In Gläser füllen und servieren.

TIPP VOM PROFI

Für eine schlankere Version können Sie einen Teil der Mayonnaise durch Naturjoghurt oder steif geschlagene Sahne ersetzen.

REGISTER